#balance ta vache

Plaidoyer antisexiste
et cependant très masculin
pour rétablir l'équilibre

FSC
www.fsc.org
MIXTE
Papier issu
de sources
responsables
Paper from
responsible sources
FSC® C105338

#balance ta vache

Plaidoyer antisexiste
et cependant très masculin
pour rétablir l'équilibre

Robert Combriat

Avec le concours de Pascal Delugeau
Écrivain-Conseil®

Pamphlet autobiographique

La Méridiana

Livre autoédité par :
Robert Combriat
290, chemin du Cros
83720 Trans-en-Provence

Les illustrations sont la propriété de l'auteur.

Couverture réalisée par Votre Plume 83,
Pascal Delugeau, Écrivain-Conseil® à Draguignan.

Édition : BoD – Books on Demand,
12/14 rond-point des Champs-Élysées, 75008 Paris.
Impression : BoD - Books on Demand, Norderstedt, Allemagne.

ISBN : 9782322208081
Dépôt légal : mars 2020

Les temps difficiles créent des hommes forts.
Les hommes forts créent des périodes de paix.
Les périodes de paix créent des hommes faibles.
Et les hommes faibles créent des temps difficiles.

George Michael Kopf

PRÉFACE

Cuisinier dans l'âme, mon ami Robert Combriat n'a de plus noble plaisir que celui qu'il donne aux autres grâce à son art. Il s'épanouit dans le ravissement de toutes ces personnes auxquelles l'occasion lui est donné de flatter les papilles gustatives. Ses clients, autrefois. Ses convives, hier bien sûr, et aujourd'hui encore.

Robert fut aussi un commerçant pour qui la satisfaction du client a primé sur tout. Et ce fut toujours par la qualité de ses produits et de ses prestations qu'il a su se démarquer de la concurrence. Par sa grandeur d'âme également. Il suffit de constater combien sont nombreux ses amis, souvent d'anciens clients, même si le temps qui passe en réduit malheureusement la liste chaque année.

Enfin, Robert est et demeure un entrepreneur, dont la confiance en l'être humain n'a d'égal que sa bienveillance spontanée à l'égard d'autrui. Car c'est en misant sur l'humain qu'il a su faire fleurir ses différentes affaires. Il s'est hélas heurté parfois à quelque propriétaire malveillant, dans une lutte où son cœur pur n'a pas résisté à la chute.

Un cœur ouvert, un cœur qui a accueilli la misère, l'a sortie du néant alors qu'elle était sur le point d'y être engloutie, tel fut Robert. Et aujourd'hui ?

Un peu naïf sans doute, il en subit chaque jour qui passe les conséquences. J'ai vu mon ami combattre et tenter de se faire entendre. Par une justice non seulement sourde, mais également aveugle. Je sais bien que son histoire n'est pas la seule du genre. Est-ce une raison pour abdiquer ? non, sûrement pas.

Je lui dis bravo et lui souhaite de trouver enfin le repos, que le témoignage qu'il livre ici fasse réfléchir les donneurs de leçon trop prompts à juger en ne fondant leur opinion que sur des clichés trop répandus.

Pour une vraie justice.

Jacques Marchon

PRÉAMBULE

J'ai exercé un métier passionnant, celui de chef de cuisine. C'est un métier d'art, dans lequel je fus reconnu par mes pairs. J'ai eu le bonheur d'obtenir quelques distinctions, comme celle d'être cité dans le Guide Michelin. Si, le temps passant, j'ai cessé mon activité professionnelle, mes amis profitent toujours de mes talents culinaires. J'adore me mettre en cuisine pour flatter leurs papilles. Et ils me le rendent bien !

Je fais partie de deux ou trois associations, où l'on sait pouvoir compter sur moi pour régaler à l'occasion d'une fête de famille, d'un anniversaire ou d'un baptême. Selon le cas, j'établis un menu, dans l'idée de satisfaire les goûts des bénéficiaires. Ensemble, nous allons faire les achats nécessaires, puis je passe derrière les fourneaux, pour mon plus grand plaisir.

J'aime le monde. L'une des associations que j'évoque est le comité de jumelage entre Trans-en-

Provence, la ville où j'habite, et Gamlitz, une belle bourgade autrichienne. À l'époque où j'ai intégré ce comité, je parlais l'allemand couramment, et pour cause, comme nous le verrons. C'était pratique et ça aidait bien au fonctionnement de notre groupe !

Depuis, j'ai perdu de ma capacité linguistique. Même s'il me reste encore la compréhension, mon élocution est devenue plus hésitante. En Autriche, je me suis toujours senti à l'aise, sauf lorsqu'on s'adressait à moi en dialecte local, auquel je n'ai jamais rien compris !

J'ai vécu trente-neuf ans en Suisse. À Berne tout d'abord, la capitale fédérale, située en Suisse alémanique.

Ce beau tableau ne dépeint malheureusement pas ma réalité.

DANS LE VIF DU SUJET

Ce n'est pas de cuisine dont je veux parler ici, même si j'y reviendrai souvent. Je veux porter haut et fort, et loin aussi, un cri d'indignation, et aussi de douleur. Je suis victime d'un déni flagrant, d'un sort malheureusement partagé par de nombreux hommes.

D'abord, revenons à une définition, fondamentale, ce qu'on oublie trop souvent de faire. Victime : *personne qui subit les injustices de quelqu'un, ou qui souffre, par exemple d'un état de choses.* Je suis donc fondé à affirmer que je suis une victime : je souffre d'un état de choses consécutif à une sourde injustice.

Je ne suis pas sociologue, et je n'ai pas l'intention de revendiquer cette compétence. Je laisse à ces spécialistes de l'étude de nos sociétés le soin de détailler l'évolution de celle-ci, évolution dont je déplore simplement ici le résultat qui m'a profondément affecté et qui continue de me ronger au quotidien.

Cependant, comme tout un chacun, j'observe cette évolution. Le constat est affligeant. Il me pousse à évoquer ce qu'il me semble nécessaire de montrer, dans l'espoir, non pas d'inverser la tendance, mais plutôt d'en atténuer les conséquences. Je veux contribuer à provoquer la prise de conscience indispensable, selon moi, pour rétablir l'équilibre auquel chacun aspire.

PREMIÈRE PARTIE

Un équilibre rompu

Une manière de décrire la place de la femme dans la préhistoire consiste à la montrer tirée par les cheveux par le mâle du coin, armé de sa massue boursoufflée. Les millénaires qui ont suivi n'ont guère amélioré la condition féminine. Jusqu'à il y a peu.

Cette situation a fini par évoluer favorablement pour la moitié de l'humanité alors traitée en esclave. Esclave livrée aux travaux harassants du ménage. Esclave chargée du fardeau, certes naturel, des maternités destinées à garantir non seulement la postérité, mais aussi la source d'une main d'œuvre institutionnalisée. Peut-on méconnaître le terme de *bâton de vieillesse*, moins naturel celui-ci ? Esclave encore, lorsqu'il s'agit de suppléer les absences du mâle, parti guerroyer ou rigoler avec ses copains, esclave pour recevoir les coups tel un défouloir de l'ivresse et de la sauvagerie.

J'en aurais pour plusieurs pages, plusieurs livres même, si je devais m'étaler sur ce sujet, ce qui n'est pas là mon objectif. Par le paragraphe précédent, je tenais simplement à dire combien j'applaudis les améliorations qu'a connues la condition des femmes, depuis seulement quelques décennies. Il me paraît important de le noter.

Droit de vote, droit de disposer de son corps face à la maternité, avec l'avènement de méthodes de contraception performantes et la légalisation de l'avortement lorsque la contraception a fait défaut. Droit de disposer d'un compte bancaire. Droit à l'égalité, même s'il reste encore beaucoup à faire. Et il faut le faire !

Certes, la loi reste parfois étonnante, dans cet élan vers l'égalité : elle interdit toujours aux femmes le droit de porter un pantalon. Eh oui… Le législateur souhaite sans doute laisser traîner dans ces textes en constante réécriture de quoi nous faire sourire…

Ce mouvement va plus loin. On cherche à reconnaître aux femmes le droit d'avoir des enfants, quand bien même la nature, d'évidence, s'y oppose. Le débat fait rage. Encore une fois, mon propos n'est pas là. Sauf lorsqu'il s'agit de montrer que, dans la plupart de ces combats, l'égalité prônée est mise à mal, au détriment des mâles.

Châtier le mâle

C'est une évidence que la désolante condition des femmes à l'origine des combats que je viens d'évoquer doit être imputée avant tout aux hommes. À nouveau, je laisse le soin de dépatouiller cette sombre affaire d'organisation patriarcale aux doctes sociologues en vogue.

Ce que je constate, c'est la lente descente aux enfers de la gent masculine. Elle se voit désormais accusée de tous les maux. Dès qu'un combat se fait jour, le mâle en est rapidement l'adversaire désigné.

Le père n'y connaîtrait rien aux enfants. Pire, il leur ferait subir des tourments terribles, conséquence de l'image du dominant arcbouté sur les théories du genre qu'il chercherait à entretenir, aux épisodes de pédophilie déplorables dont il aurait l'exclusivité.

Le mari est un passe-temps dont toute femme normalement constituée pourrait, voire devrait se passer. Même pour procréer. Un mari, c'est l'acceptation à domicile et au quotidien du terrible patriarche, du maître, de l'esclavagiste. La question est d'actualité : un mari, pour quoi faire ?

Si le père et le mari ont parfois des choses à se reprocher, certaines légères, d'autres intolérables, ils n'en sont pas pour autant des monstres. Quand on en parle aux repas de famille, chacun s'accorde à le reconnaître. Dans les ambiances plus professionnelles, on est déjà dans la suspicion : le patron, le chef d'équipe ou encore le collègue, sont autant de menaces pour le salaire, l'avancement, pire, le confort psychologique. Dans les manifestations porteuses des combats féministes, l'ambiguïté est levée : l'homme est proscrit. Le seul accepté est le mâle châtré, tout juste digne d'une confiance qu'il faut cependant modérer.

Il y a un autre endroit où il en est comme dans ces manifestations : les salles d'audience de nos palais de justice.

Châtrer le mâle

On pourrait presque croire que l'homme n'a plus sa place dans notre société. Dans certains discours d'hommes profondément blessés, on entend parfois dire que l'État a remplacé l'homme dans toutes ses fonctions vitales : procréation, soutien financier, sécurité, etc.

Ceci se traduit en particulier dans les salles d'audience, lorsque l'affaire citée oppose un homme et une femme. Ou plutôt, une femme à un homme.

À l'heure où l'on combat partout la fameuse théorie du genre selon laquelle une fille peut très bien s'amuser avec des petites voitures ou se déguiser et jouer au pompier et le garçon promener un aspirateur-jouet dans l'appartement ou se vêtir de rose, il n'est pas question d'en faire autant avec les adultes.

Il n'est pas question, par exemple, de reconnaître qu'un papa fera tout aussi bien avec sa progéniture que la maman. Non, seule la maman dispose de l'instinct maternel. Et puis, l'homme, animal voué à la débauche s'il en est, ne peut se voir confier l'éducation d'un enfant. Même si le dispositif de garde alternée est moins confidentiel ces dernières années, les mentalités n'en sont pas encore à l'envisager spontanément : dans la plupart des cas, il faut que le père engage le combat s'il veut en obtenir le bénéfice.

Pire encore : la rumeur est facile à répandre selon laquelle untel a touché un enfant, a abusé d'un autre, a tenu des propos déplacés à telle femme, a harcelé telle autre au travail, des jours durant.

Quid de cette dame au chemisier largement entrouvert et croisée tout à l'heure au supermarché, de cette autre outrageusement maquillée au regard enjôleur fixé sur ce jeune homme dans le bus, de celle-là enfin qui croise et décroise les jambes dans la salle d'attente de Pôle emploi ? simple séduction naturelle ?

Quant à l'accusation de harcèlement, elle est facile à entendre dans la bouche d'une femme, et franchement déplacée dans celle d'un homme, c'est bien connu. Parlerons-nous du viol ?

Il n'est pas question pour moi de dénier que des délits et des crimes sont commis, malheureusement. Et bien sûr qu'il est indispensable non seulement d'en punir les auteurs, comme les autrices d'ailleurs. Mais tout aussi indispensable est-il de reconnaître le statut de victime à celles et ceux qui en ont subi les désastreuses conséquences.

Cependant, sans plus de jeu de mot que ça, on retiendra que, ce qui prévaut aujourd'hui, c'est le délit de sexe fort. Et que, pour châtier, il faut châtrer. Ainsi s'est exprimé la juridiction devant laquelle j'ai eu à comparaître.

#balance ta vache

DEUXIÈME PARTIE

Tout avait pourtant bien commencé

C'est à Dijon, le 26 juin 1934, que je vois le jour. Dans une famille unie, avec un père restaurateur dans cette ville. J'ai un frère, Jean-Claude, plus jeune que moi, et une sœur, Janine, de quatre ans mon aînée. Une famille sans problème, banale pour ainsi dire.

En 1947, un peu en avance par rapport à mes petits camarades, on me présente au certificat d'études primaires, et je l'obtiens. J'avais dans l'idée de faire des études dans le commerce, c'est d'ailleurs ce que je ferai. Avant de me lancer dans la cuisine.

Ce fut une révélation. La cuisine allait devenir ma passion, ma vie. Professionnelle bien entendu. Si bien qu'en octobre 1949, toujours à Dijon, je termine mon apprentissage de cuisinier au restaurant *Le Pré au Clerc*, sous la houlette de Henri Colin, grand chef de cuisine parmi les grands. Mon diplôme professionnel, obtenu avec mention, m'est remis par le chanoine Kir, alors maire de Dijon, accompagné de Gaston Gérard, préfet du Doubs, et, fait des plus extraordinaires pour moi, d'Alexandre Dumaine, chef trois fois étoilé de *l'Hôtel de la Côte d'Or*, à Saulieu.

De 1949 à 1951, je fais mes premières armes comme cuisinier dans un autre grand restaurant, *La Méditerranée*, place de l'Odéon, à Paris. De nombreuses personnalités y font des apparitions, comme le Nonce de Paris, Monseigneur Roncali, futur Pape Jean XXIII, et aussi le général Juin, René Coty, Marcel Cerdan, Jean Marais, qui vient deux fois par semaine… ou encore Juliette Gréco, une habituée qui me permet d'accéder aux caves de Saint-Germain-des-Prés où je vais danser le *bebop*, sur la musique de Claude Bolling. C'est dans ces endroits que je croise des personnalités comme Eddy Constantine ou Boris Vian. De loin, bien sûr, même de très loin. La présence de ces gens confère aux lieux une atmosphère tellement enivrante ! J'aime me remémorer ces moments que j'estime privilégiés, par exemple quand je donnais à Juliette Gréco des os pour son chien : quelle banalité, me dira-t-on. Moi, je retiens le *merci* qui suivait, l'humanité toute simple qui enveloppait cet échange effectivement bien banal.

Lors de ce séjour parisien, je découvre le judo. Je pratiquerai ce sport de manière intermittente, au gré des disponibilités que ma carrière m'accordera, et ce jusqu'à l'âge de 42 ans. Si j'ai le potentiel physique pour ne pas m'en laisser conter, j'adopte sans effort la déontologie des arts martiaux, et plus particulièrement le code d'honneur et de morale traditionnelle du judoka, lequel décline les valeurs suivantes : politesse, courage, sincérité, honneur, modestie, respect, contrôle de soi et amitié. Concrètement et plus particulièrement, j'ai appliqué dans ma vie celle liée au respect, notamment de l'adversaire, quel qu'il soit, mais aussi de toute personne, surtout lorsque cette dernière est plus faible que soi. Et dans ce cas, prendre la défense d'une telle personne s'impose au judoka, et s'est donc imposé à moi !

Dans l'idée d'engranger de l'expérience, je travaille ensuite à la brasserie alsacienne *Le Hansi*, où je suis saucier. Alors que nous sommes à servir le banquet annuel des Cuisiniers de Paris, à l'hôtel *Le Lutécia*, mon chef de cuisine me montre des offres d'emploi de cuisinier en Suisse, publiées dans le journal de la corporation. Je ne connais pas ce pays, hormis les quelques bribes apprises dans les livres d'école.

Je prends contact et je suis embauché à l'hôtel *Bären*. Nous sommes en 1952, à Biglen, non loin de Berne. Très rapidement, ma manière de travailler plaît. Jusqu'au jour où le chef de cuisine en titre se blesse très gravement à la main avec une hacheuse.

Aussitôt et sans hésitation, le patron de l'établissement me confie la brigade de cuisine. Six cuisiniers et cinq aide-cuisiniers.

Que d'excellents souvenirs ! Je me souviens combien j'étais fier, et heureux, de travailler dans de telles conditions. C'était très valorisant d'être ainsi reconnu. Je mesurais la confiance qu'on m'accordait et je mettais toute mon âme à m'en montrer digne. Quand j'y pense aujourd'hui, à ce bonheur simple, les larmes me viennent aux yeux.

C'est dans cet établissement que je rencontre Hélène Klaus, de son petit nom Leny, une Suissesse des contrées alémaniques du pays. Elle est dame de buffet, j'en suis tout de suite épris. À son contact, je fais de rapides progrès en allemand.

Début juin 1955, alors qu'Hélène est enceinte de mes œuvres, je reçois ma convocation pour effectuer mon service militaire. Le 16, je rejoins donc mon affectation, le 35ᵉ régiment d'infanterie, à Belfort. Peu de temps après mon incorporation, je me blesse en service et suis conduit à l'hôpital militaire de Dijon, où habitent toujours mes parents. Je suis réformé, avant d'être renvoyé dans mes foyers le 6 août 1955. Retour à Berne, où je trouve sans aucun problème un nouvel emploi en cuisine.

Entretemps, à Berne toujours, le 28 juin de la même année, vient au monde notre fils Robert, que nous appellerons Bobby. Hélène s'est arrêtée de travailler. Nous avons trouvé un petit appartement, en ville. La vie a continué, simple comme celle d'un couple des plus banals.

L'heure est à la régularisation de la situation : en septembre suivant, j'épouse Hélène, à Dijon.

Continuant mon parcours professionnel, je me fais embaucher dans un restaurant réputé de Berne, le *Kornhauskeller*, comme sous-chef de brigade. Avant de rejoindre comme chef de cuisine un autre grand restaurant de la ville, le *Ratskeller*. Le patron de ce dernier m'offre littéralement cette place. Là, je sers le gratin politique suisse. C'est facile : je viens dans la salle lorsqu'il faut flamber des rognons ou quelque chose comme ça. De cette manière, j'œuvre à la table du président de la Confédération, ou encore à celle du caissier général de la caisse d'épargne suisse. Par la suite, ce dernier deviendra un ami.

Hélène est à nouveau enceinte, d'une belle petite fille, Liliane, qui vient nous combler de bonheur le 28 septembre 1957, à Berne toujours.

Puis me voici dans le restaurant du casino de Berne : six cents couverts, plus d'une vingtaine de cuisiniers. Une cuisine au sous-sol pour les prépara-tions, puis une autre au rez-de-chaussée pour les grillades. Et de nombreuses très belles salles, un établissement de grand standing.

Vient le temps où je fais des saisons. Limitées en durée certes, quelques mois seulement, mais bien mieux payées, jusqu'à quarante pour cent de plus qu'à un poste sédentaire. Puis je fais une escapade dans le monde de l'électroménager, où je gagne très bien ma vie et gonfle mon carnet de contacts à travers la Suisse.

Oui, j'aurai beaucoup bougé. Pour engranger des expériences de premier ordre. Et beaucoup d'argent.

Il est temps maintenant de stabiliser cette vie. Nous habitons Fribourg depuis quelque temps, et dans cette ville splendide, un restaurant à la fameuse réputation, *Le Richelieu*, est proposé à la location. Nous sommes en 1959.

Sans me vanter, j'ai là le plus beau restaurant de Fribourg. Malgré la cherté du loyer des murs, je m'en sors très bien. Il faut dire que nous avons beaucoup de travail, la clientèle est au rendez-vous. D'emblée, je bénéficie de la renommée acquise par le propriétaire. Celui-ci, ébéniste d'art, réalisait des objets et des meubles magnifiques.

Le Richelieu est un établissement de standing, où le raffinement se manifeste dans le moindre recoin de manière extraordinaire. Parfois, je déplore qu'aujourd'hui on attache moins d'importance à la décoration de goût et à l'art au quotidien pour, hélas, privilégier les produits à bas prix qu'on achète en kit.

Mon affaire marche très bien, elle va constituer ma rampe de lancement, en quelque sorte. J'acquière une belle notoriété personnelle et de nombreuses références.

Si bien que je finis par décider qu'au lieu de continuer à payer un loyer exorbitant, je vais acheter un fonds, c'est-à-dire les murs de mon commerce. En d'autres termes, je préfère rembourser un prêt pour en conserver l'objet plutôt que de verser à fond perdu de l'argent à un bailleur. D'autant que ce dernier vient d'augmenter substantiellement ses prix pour profiter de ma réussite.

En 1960, me voici donc propriétaire d'un café-restaurant avec cinéma, à Avenches, non loin de Fribourg. Mon fournisseur de vin, le commercial de la maison Jules Gex située à Bulle, à côté de Gruyère, m'aide à financer cette affaire. J'obtiens auprès de la Banque Vaudoise de Crédit un prêt d'un demi-million de francs suisses, en grande partie grâce à ma réputation. Ni menteur, ni fainéant, encore moins buveur, j'ai la confiance de tous ces gens.

Je réalise quelques aménagements. Je fais installer le chauffage central. Je transforme le bowling en bar, avec un salon de jeu juste à côté. J'ouvre une porte entre ce bar et la salle de cinéma, pour permettre aux spectateurs de prendre un verre à l'entracte. À cela, j'ajoute une rôtisserie, aménagée dans un petit magasin adjacent. Je forme aussi des apprentis, ce qui se mérite en Suisse : il faut justifier de sa propre capacité à enseigner à ces jeunes gens. Je travaille quatre-vingts heures par semaine.

Je commence à six heures et demie le matin, et à minuit, je ne suis pas encore couché. Dans ce laps de temps, il y a certes des moments de présence plus que de travail à proprement parler. C'est par exemple le cas lorsqu'en début d'après-midi passent des copains qui me proposent de jouer aux cartes avec eux. J'accepte bien sûr, avec plaisir. Et quand le jeu est terminé, je m'en retourne aux fourneaux, et eux à l'apéro. Si ce ne sont pas les copains et les cartes, c'est la famille, ou la composition des menus, les devis à réaliser, les clients à recevoir pour établir le repas d'un baptême ou d'une communion, etc. Si je gagne de l'argent, je sais pourquoi. Ce que ne voient pas la plupart des gens, qui ne considèrent que la façade de la situation, ce que l'argent montre d'aisance, de belles voitures, etc. Ils ignorent bien souvent comment cet argent a été gagné, les efforts consentis pour cela.

Ma femme m'épaule dans cette aventure. C'est d'ailleurs son métier d'origine. Ensemble donc, nous tiendrons ce restaurant pendant plusieurs années. Nous nous répartirons de manière harmonieuse les tâches, et ça roulera, comme on dit.

Mon restaurant est bien fréquenté. J'y accueille le président de la Confédération helvétique, de grands journalistes, le Guide Michelin, lequel m'a référencé dans ses pages, etc.

Et ainsi pendant une quinzaine d'année.

Puis un jour…

Jusqu'au jour funeste où je fais la connaissance d'une personne charmante, chanteuse dans un orchestre très en vogue. Je tombe amoureux, tout simplement. En d'autres termes, j'ai une aventure.

Une banalité qui n'est pas du goût de mon épouse, bien entendu. Ce qui doit advenir finit par arriver : Hélène demande le divorce et l'obtiendra en 1980. Il est logique que j'encaisse alors tous les torts. Dans un respect mutuel, nous nous séparons sans anicroche. Quant à l'éducation de nos enfants, nous partagerons toujours les mêmes points de vue. Ce qui facilitera grandement les prises de décisions en commun. Hélène obtient que je lui verse un pécule, cent mille francs suisses, soit environ autant en euros, ainsi qu'une pension, pendant quelques années.

Bien sûr, si j'avais su que prendre une maîtresse me conduirait à cette situation, j'aurais sans nul doute agi différemment. Aussitôt, je me suis rendu compte combien cette amourette était stupide.

D'autant plus que, très rapidement, mon égérie m'a laissé tomber. Elle n'était intéressée que par le bon temps que nous passions ensemble et ne voulait absolument pas entendre parler des difficultés que je rencontrais. Ça ne pouvait pas continuer.

Mes enfants feront des études. Ma fille une école ménagère, mon fils l'école hôtelière de Lucerne.

Bobby fera un séjour aux États-Unis, à Miami, à travailler sur des bateaux de croisière. À son retour en Suisse, il fera une belle carrière dans l'hôtellerie, avant de rejoindre comme commercial le grand groupe agroalimentaire *Mars*, qui commercialise le fameux riz *Uncle Ben's*. Cet emploi le fait beaucoup voyager. Il est ensuite directeur commercial d'un groupe pharmaceutique. Il se mariera, divorcera, avant de se remarier tout dernièrement. Il n'aura pas d'enfant.

Nous sommes en froid, lui et moi. Il était très proche de sa mère. J'ai toujours été à ses yeux celui qui l'a abandonnée. Ça fait trois ans que nous ne nous sommes pas vus.

Je téléphone à ma fille Liliane tous les lundis. Elle vient me voir de temps en temps. Elle s'est mariée avec un ivrogne, qui avait du mal à rentrer à la maison le soir, après avoir picolé avec ses copains. Pour la battre. Elle aussi divorcera. Après avoir eu deux enfants, un fils, François, avec lequel elle ne s'entend pas et qui a hérité de son père un penchant prononcé pour l'alcool, et une fille,

Nadine, une jeune femme très bien, qui vient de se marier à Las Vegas, il y a six mois.

Ils habitent tous en Suisse, dans la région de Fribourg.

TROISIÈME PARTIE

Un bel hameçon devant le nez

À cette époque, nous sommes en 1982, je vends mon affaire, très bien d'ailleurs.

Je pars en ouvrir une autre, *le Canapé*, à Avry-centre, à côté de Fribourg. Je suis en location dans une grande surface, La Migros, une enseigne très répandue en Suisse et en zone frontalière.

Je suis cependant contraint de mettre un terme à l'exploitation de cette affaire car les locaux vont accueillir une autre activité. Dans le même temps, un accident cardiaque m'a cloué quelques semaines au tapis. Fort heureusement, j'avais pris les devants et préparé l'avenir.

En 1983, j'ouvre un commerce de traiteur, *Gastro service*, à Fribourg. Très rapidement, je deviens l'un des rares traiteurs de la ville dignes de ce nom, ça ne me gêne pas de le présenter de la sorte. Au contraire des bouchers qui proposent ce genre de service, je ne fais pas qu'aligner des rondelles de saucisson sur un plateau. Dresser des plats de charcuterie, ce n'est pas être traiteur. Traiteur, c'est bien autre chose ! c'est développer une vraie cuisine, faite de plats chauds, par exemple. Gratin de fruits de mer, saumon en Bellevue, voilà ce que doit être l'art du traiteur.

À Fribourg, je me trouve loin de mes amis connus autrefois à Berne, ceux avec lesquels j'aime passer du bon temps. Cette solitude me pèse.

Alors que j'ai une quarantaine d'années et que je me trouve bien seul, je me mets à la recherche d'une compagne avec laquelle partager ma vie. Je réponds à une petite annonce dans un journal, *L'Illustré*, un hebdomadaire suisse. Une Mauricienne, de dix-sept ans ma cadette et habitant Paris, cherche une personne avec laquelle entrer en contact. Nous correspondons quelque temps, puis échangeons par téléphone, jusqu'au jour où elle m'invite à venir la rencontrer. Sans hésitation, je la rejoins aussitôt dans la capitale française.

Elle m'attend à la Gare de Lyon. Nous faisons connaissance. Puis nous commençons à approfondir ce que nous nous sommes déjà dit par courrier et par téléphone.

Marie-Claude est une belle Mauricienne, une belle femme à la peau sombre de mulâtresse. Elle a pour second prénom *Lakmé*, et pour patronyme

Marimootoo. Elle est née le 15 septembre 1953, à l'Île Maurice, on l'aura compris.

Dès ces premiers instants, elle me donne du *mon chéri*, se montre amoureuse et entreprenante. D'évidence, je suis la personne qu'elle cherche. Je dois l'avouer, je suis très emballé. Notre histoire prend alors un virage plus sérieux.

De retour en Suisse, je continue à correspondre avec elle. Comme tout se passe pour le mieux, au bout de trois mois, je lui propose de me rejoindre. Je lui envoie un mandat de cinq cents francs suisses pour qu'elle puisse prendre le train. Je dois préciser que la pauvre n'a pas un sou vaillant. Elle est employée à domicile, au service d'une famille de hauts fonctionnaires français. Lui travaille à Bercy, au ministère des finances où l'on s'occupe de la comptabilité de l'État, et elle est traductrice pour l'ONU. Ma Mauricienne n'a pas de papiers, elle vit en France de manière illégale, bien sûr sans contrat de travail, chez ces gens qui la traitent en esclave. Sans commentaire.

Elle a par ailleurs deux enfants d'un premier lit, un garçon et une fille, Nathalie et Nicolas, âgés respectivement de 11 et 7 ans, dont elle n'a pas la garde. Tous deux sont d'ailleurs à l'Île Maurice.

Elle demande à un couple d'amis, mauriciens comme elle, de se rendre là où je réside, à Fribourg. Leur mission est de la renseigner sur le cadre dans lequel je vis, si je suis bien installé dans la vie et comment, etc. Je les reçois aussi courtoisement que possible, je leur offre à boire, heureux de connaître de ses amis. Nous discutons bien, ils se montrent agréables. Et le retour qu'ils font à Marie-Claude m'est très favorable.

Marie-Claude me rejoint donc en Suisse. Elle n'a rien dans son bagage, pas même des chaussures pour l'hiver, encore moins de manteau pour affronter le climat rude de ces contrées. En premier lieu, je l'emmène dans les magasins pour s'équiper plus chaudement et avec chic. À ses yeux, je suis le plus merveilleux des hommes, du moins, c'est ce qu'elle me dit à grands renforts de *mon chéri* là encore. J'adore. Étais-je naïf !

Trois semaines après son arrivée, la police se présente à mon domicile.

« Vous êtes Monsieur Combriat ?
- Oui.
- Vous hébergez, à ce qu'il paraît, une personne étrangère ? En vacances chez vous ? »

Je raconte donc l'histoire, et précise que nous envisageons de vivre ensemble sur le long terme. C'est sans compter sur les lois de ce pays.

« Monsieur, cette dame ne peut séjourner en Suisse que trois mois maximum. Si vous voulez qu'elle reste au-delà de ce laps de temps, vous devrez officialiser votre union et vous marier de manière régulière. Sinon, elle devra impérativement quitter le territoire helvétique. »

Ni elle ni moi ne trouvons à redire. Je vais à la mairie pour me renseigner : si nous avons réellement l'intention de nous marier, il nous faudra publier les bans. Et comme je suis Français, il faut que je m'adresse avant tout au consulat de France, à Berne. Par chance, j'y ai encore des contacts efficaces. Le nécessaire est fait, promptement et sans difficulté. Nous pouvons nous marier peu de temps après, à Fribourg, le 19 septembre 1987 pour être précis. Nous serons dix-huit pour cette occasion, rien que des amis.

Quelques mois plus tard, nous ferons venir Nathalie et Nicolas auprès de nous. Ils seront tous deux inscrits dans une école, à Marly. Ils s'accoutumeront très bien à leur nouvelle vie.

Yolande, l'une des sœurs de Marie-Claude, fera aussi le voyage. À mes frais.

Je finirai par officialiser le fait que j'assumerai financièrement la charge de ses enfants. Ce qui ne l'empêchera pas de percevoir les allocations familiales pour le foyer.

#balance ta vache

À l'Île Maurice

Je ferai trois séjours à l'Île Maurice. Dont un de trois mois. Lors du premier, nous n'étions pas encore mariés. Nous régulariserons la situation au cours du second. À savoir qu'il fallait d'abord que Marie-Claude divorce de son premier mari. Pour l'anecdote, c'est moi qui ai réglé les frais qu'a dû supporter Marie-Claude.

Au cours de ces séjours, je fais la connaissance de sa famille. Cette dernière vit chichement, c'est le moins qu'on puisse dire. Dans un bonheur relatif certes, mais chichement tout de même.

J'en ai les moyens, alors je décide d'améliorer le sort des parents de mon épouse. C'est ainsi qu'à la Bank of Mauritius, je place environ quatre-vingt mille francs français de l'époque pour qu'ils puissent toucher chaque mois une rente de six cents roupies, soit environ cent-cinquante francs. Si ce n'est pas une fortune à proprement parler, ça représente quand même un complément de revenus équivalent à un salaire, une manne inespérée pour ces pauvres gens !

De mon côté, je suis heureux de leur venir en aide de cette manière si simple. Ils ne manqueront pas de me remercier chaleureusement, ils profiteront pour cela de toutes les occasions. J'irai même jusqu'à dire qu'ils me vénéraient comme un dieu ! Marie-Claude, quant à elle, n'a jamais manifesté ne serait-ce que la moindre intention d'en faire autant. Pas même un remerciement…

Pas plus lorsque je prêterai soixante mille francs à son frère, pour aider ce dernier dans ses affaires. Je n'aurai certes pas à regretter ce geste, puisque je fus entièrement remboursé. J'étais encore une fois très heureux de rendre ainsi service.

Une anecdote que je souhaite raconter. Lorsque je suis arrivé à l'Île Maurice la première fois, j'avais déjà les cheveux grisonnants. Notre différence d'âge n'en était que plus flagrante. Et d'évidence, ça gênait énormément Marie-Claude. Elle était très mal à l'aise avec mon apparence. Sans doute était-ce mal vu dans la société mauricienne. J'étais quand même surpris par sa réaction. Moi, mes cheveux presque blancs m'allaient bien. Apparus avec le temps, j'en avais apprivoisé la couleur.

Elle insista tellement pour me confier à un coiffeur de ses amis que je finis par céder. Ils m'ont semblé très bien se connaître, tous les deux. Sans que je sache jusqu'à quel point, même si leur façon de se parler, très familière et parfois à voix basse, me laissait à penser qu'ils avaient dû partager une relation intime.

L'idée de Marie-Claude était de me faire teindre les cheveux en noir. Son projet fut réalisé, et je suis ressorti du salon de coiffure avec une chevelure noire comme je n'en avais pas eue depuis bien longtemps ! C'était pour lui faire plaisir, alors…

Cependant, la chimie étant ce qu'elle est, les produits utilisés pour rajeunir ma tignasse ont très mal réagi avec l'eau de mer. Et à mon premier bain consécutif à l'épisode de transformation capillaire, je suis devenu… roux ! J'avais l'air malin ! D'autant que la couleur obtenue était moche et que ma belle chevelure semblait sale, quoi qu'on y fasse. On essaya de nombreux produits chimiques pour tenter de corriger ce résultat déplorable. Pour finir par retrouver, à quelque chose près, ma couleur grise d'origine.

J'ai retenu de cet épisode que Marie-Claude était embarrassée de se promener au bras d'un vieux comme moi. Y avait-il réellement de l'amour dans son intérêt pour moi ? Je pouvais légitimement en douter. Cette prise de conscience m'a passablement blessé. Et pourtant, en ai-je tenu compte par la suite ? Pas plus que ça, comme on va le voir.

Le piège se referme

Une très bonne cliente de mon établissement, au point de la compter parmi mes amis et d'en faire, quelque temps plus tard, la marraine de notre fils, m'interpelle peu après le mariage et me demande si j'ai bien établi un contrat, de mariage justement. Je ne peux que lui avouer que non. Ça ne m'a même pas traversé l'esprit qu'il faille en passer par là pour me garantir… de quoi d'ailleurs ?

Personne ne m'en a jamais parlé, de toutes ces dispositions particulières, aucun conseil ne m'a été donné à ce sujet. Moi, je n'y connais rien à toutes ces finesses administratives.

Monique Goumaz, puisque c'est son nom, est abasourdie. Elle me dit qu'il faut que j'aille au plus tôt rencontrer l'officier d'état-civil, à Marly, la commune où nous habitons, et située non loin de Fribourg. Pour faire modifier cette situation. Mon amie m'ouvre les yeux. D'un coup me reviennent en mémoire ces anecdotes de Suisses embarqués dans des mariages du même genre, qu'on dit *gris*, où la dame ne cherche là qu'un moyen de régulariser sa situation administrative et, dans le meilleur des cas, de profiter de la fortune de son mari tout neuf.

Avant de me rendre à la mairie, j'en parle à Marie-Claude, en lui disant que nous n'avons pas encore tout envisagé comme il l'aurait fallu. Je lui explique que je tiens à garantir notre union par les clauses d'un contrat de mariage, de manière à nous préserver l'un et l'autre. Sa réaction est immédiate : elle entre en furie ! Elle me menace de partir dès le lendemain, de me quitter et de m'abandonner à mon sort sans recours possible.

En changeant aussitôt de registre, elle cherche à m'apaiser et à me rassurer, en m'affirmant que je n'ai rien à craindre, enfin, tout un cinéma qui fait que, presqu'aussitôt, j'en oublie ce projet de contrat de mariage.

Dans les premiers temps de notre vie commune, je dois constater que Marie-Claude ne sait pas faire grand-chose. Et même, pour ainsi dire, rien. Elle s'ennuie seule à la maison. La télévision ne l'intéresse pas plus que ça.

Alors, je l'emmène avec moi, au bureau où elle passe son temps à se faire les ongles. Ou au magasin, où je lui confie l'accueil des clients pendant que je suis à l'ouvrage au laboratoire. En revanche, je ne peux pas l'emmener avec moi lorsque je suis en déplacement à l'extérieur avec mon équipe, pour mettre en place et servir une prestation.

Au magasin justement, où l'on accueille au plus une trentaine de personnes par jour, je lui apprends même à se servir de la caisse enregistreuse et de la balance électronique sur laquelle on pèse la marchandise pour en déterminer le prix. Ce n'est pas compliqué, encore faut-il s'y intéresser.

Bien sûr, elle n'a pas de salaire, puisqu'elle ne travaille pas à proprement parler. Elle n'est pas l'une de mes employées. Elle est présente sur mon lieu de travail uniquement pour ne pas rester seule chez nous. Et encore ! seulement quand elle le souhaite. Et elle reste seulement le temps qu'elle veut.

Je lui offre de passer son permis de conduire. Et quand elle finit par l'obtenir, le plus souvent elle utilise ma voiture, une BMW, pendant que moi, je me déplace avec ma camionnette Mitsubishi. De fait, elle a adopté ma voiture. Elle en profite bien d'ailleurs, pour aller se balader au lieu de s'ennuyer à la maison. Et comme elle ne veut plus venir au commerce…

Quelque temps après, Marie-Claude m'annonce qu'elle est enceinte. J'ai alors 47 ans et un métier qui m'accapare. Et déjà deux enfants, majeurs tous les deux de surcroît.

Je lui confie que cette situation ne me semble pas raisonnable. Je lui propose de rencontrer un médecin de ma connaissance qui pourra mettre un terme à cette grossesse. Ce n'est pas du tout de cette manière qu'elle envisage la suite. En d'autres mots, elle veut garder cet enfant.

Le temps passe, l'échographie nous montre qu'il s'agit d'un garçon. Je laisse couler. Au fond de moi, j'ai toujours considéré l'avortement comme un crime. Je n'ai pas à me forcer pour ne rien tenter de manière à interrompre le cours des choses. Je ne prends pas la situation au sérieux. Et Christopher nait, le 22 avril 1990… Un beau petit garçon, que j'aime tout de suite. Et que j'adore toujours, bien sûr ! Il a 29 ans aujourd'hui. Il habite à Poisy, à côté d'Annecy.

Pendant sa grossesse, Marie-Claude se plaint que le ménage lui pèse trop. C'est alors la mère de mon gendre qui vient s'en charger. L'habitude prise, celle-ci perdurera, bien après la naissance.

Marie-Claude n'apprécie pas Bobby, ni Liliane non plus d'ailleurs. Elle a du mal à se faire au climat suisse. Elle a constamment froid. Elle n'arrive pas à se réchauffer dans notre grand appartement pourtant très classe, comme on dit.

Deux grands balcons, dont celui exposé au soleil équipé d'un grand barbecue, complètent un intérieur meublé où tout est confort et standing.

Dans la résidence tout aussi standing, nous disposons d'une piscine, d'un sauna et d'un terrain de jeux, enfin, d'un grand luxe où tout est fait pour rendre le séjour des plus agréables.

Terre de Provence, terre d'espérance ?

Devant son insistance à vouloir quitter la Suisse et son climat, je me range à l'idée qu'il va falloir déménager. Je propose à Marie-Claude de nous installer sur la Côte d'Azur.

J'ai une cousine germaine, Liliane, dont je suis très proche. Nous n'avons que deux ans d'écart. Pendant la Seconde Guerre mondiale, alors qu'elle habitait à Paris, ma tante Simone, sœur de ma mère, nous l'avait confiée, à Dijon. Dans la capitale, la vie était très difficile. L'élever en Bourgogne semblait plus sûr et plus judicieux. En partageant la même vie, elle était devenue comme ma sœur.

Liliane habite Trans-en-Provence. Elle dirige une école de danse à Draguignan. Et son mari, Gérard, est le directeur d'une agence bancaire locale. Tous deux nous accueillent et nous guident dans cette région nouvelle pour nous. Et grâce à eux, je peux me décider pour venir nous installer dans cette merveilleuse Provence.

Je vends donc et mon appartement et mon affaire en Suisse. J'ai de quoi voir venir, comme on dit. Et nous nous installons ici, chemin du Cros, à Trans-en-Provence. Quelques travaux d'aménagement, et plus tard, la construction d'une véranda, d'une piscine, d'un garage supplémentaire, d'une autre maison à côté de celle d'origine, pour les enfants de Marie-Claude.

Sans cesse, je veille à son confort, à ce qu'elle soit à l'aise, tant sur le plan financier que dans ses occupations. Elle ne manque de rien.

Entre Christopher et moi, le lien est fort : j'adore mon gosse, et il me le rend bien. Je ne relève pas les propos que sa mère lui tient : *tu ne devrais pas aimer ton père, il a voulu te tuer quand tu étais dans mon ventre !*

Très rapidement, je veux retrouver le goût de la vie active. D'autant que mes ressources ne sont pas intarissables.

Alors, je déniche un fonds de commerce, *Les deux cochers*, boulevard Gabriel Péri, à Draguignan. À mon arrivée, ce restaurant propose une carte avec des menus à soixante francs, à l'heure des pauses déjeuner des employés et des ouvriers du coin, quelque chose de simple et de rapide. Seul point qui me freine un peu, sans m'arrêter cependant : le loyer est très cher. Mon ambition est de monter en gamme, et d'ajouter un commerce de traiteur.

Pourquoi est-ce au moment d'ouvrir les portes de ce restaurant que la police des établissements qui reçoivent du public me tombe dessus ? L'établissement n'est pas aux normes en vigueur : l'écoulement des eaux, les toilettes, telle ou telle bonde d'évacuation des eaux usées, tout ça, non conforme. Il aura fallu attendre mon arrivée pour s'en soucier. Étonnant, non ?

Alors, je me tourne vers les propriétaires, établis dans le notariat local. Après bien des tergiversations, ils ne veulent toujours rien entendre, surtout pas que les travaux à réaliser leur incombent. Selon eux, je n'ai qu'à me débrouiller. Alors je jette l'éponge. Et mange une partie de mes ressources dans cette triste aventure.

Le temps passe, inexorablement. Vers 1993, les enfants de Marie-Claude ont alors 14 et 16 ans, cet âge où les adolescents aiment à disposer d'un peu d'intimité, si ce n'est d'indépendance. Ils se sentent à l'étroit, tous deux dans la même chambre. Qu'à cela ne tienne ! je fais construire une maison à côté de la nôtre, en la finançant avec mes économies. Payée rubis sur l'ongle !

Les deux gosses emménagent, chacun trouve la situation confortable. Le problème est résolu, tout va bien.

Marie-Claude sort de plus en plus souvent, sans que je sache ce qu'elle fait, ni où elle va. Ses besoins d'argent augmentent. Les allocations familiales qu'elle perçoit ne suffisent plus. Elle ira même jusqu'à tenter de faire croire à la CAF qu'elle a un enfant handicapé à l'Île Maurice. C'était bien sûr sans compter sur la nécessité de justifier de cette situation, ce qu'elle ne réussira pas à faire.

Faire rentrer de l'argent est pourtant nécessaire. Je ne peux continuer à voir fondre mes économies de la sorte. Je pars donc travailler à Monaco où je trouve une place intéressante que me propose l'un de mes anciens employés de l'époque du *Richelieu*.

Le destin s'acharne : je suis victime d'un accident avec, comme fâcheuse conséquence, une fracture de la colonne vertébrale. Aujourd'hui encore, je reste handicapé, avec une arthrodèse pour solidariser les troisième, quatrième et cinquième vertèbres. De la ferraille et des vis pour maintenir ce segment opérationnel. Et rester droit.

Quinze jours à l'hôpital, au cours desquels Marie-Claude ne vient me visiter qu'à de rares occasions. Il faut que je la supplie pour qu'elle amène notre fils. Elle n'a pas le temps, me dit-elle. Les tensions grandissent. À mon retour à la maison, des mots comme *connard* fleurissent dans le vocabulaire qu'elle me destine. C'est aussi la possibilité pour elle de s'absenter encore plus souvent, puisque je suis là maintenant pour m'occuper de Christopher.

À cette blessure qui m'a terrassé s'ajoutent les séquelles d'autres traumatismes plus anciens, au genou, puis, plus récemment, à l'épaule. Mon état physique ne s'améliore pas, un privilège de l'âge sans doute…

La machine à broyer

Comme à son habitude, Marie-Claude est souvent absente de la maison. Ses enfants en prennent tout autant à leur aise. Je vois bien que l'organe vital qui fonctionne encore assez bien chez moi, c'est mon porte-monnaie.

La différence d'âge se fait de plus en plus sentir, je m'en rends compte avec tristesse. J'acquiers la certitude que Marie-Claude a un amant. Plus tard, j'apprendrai que ce ne fut pas le seul.

Pour finir, la situation ne lui convient plus, je suppose qu'elle a besoin de plus de liberté de manœuvre, et que c'est ce qui la pousse à demander le divorce.

La machine à broyer se met en marche.

Le 4 décembre 2001, nous allons officiellement vivre en résidence séparée. La procédure suit son cours, et nous irons de conciliation en confrontation, d'audience en audience.

Au cours de la procédure, et surtout en salle d'audience, Marie-Claude va jusqu'à dire que je la battais. Je n'ai jamais levé la main sur elle, ni même jamais frappé aucune femme ! Elle se plaint aussi que je ne lui donne jamais de sous, alors que je lui ai toujours tendu un billet de cinquante ou cent francs aussitôt qu'elle me disait qu'elle voulait s'acheter ceci ou cela. Quand elle me faisait remarquer qu'elle portait une robe depuis quelque temps, je lui signais sans hésiter un chèque pour qu'elle s'en achète une autre. Elle n'hésitera pas à prétendre qu'elle travaillait tous les jours au magasin, ce qui n'était pas vrai, comme je l'ai raconté. Et les juges face à nous avalent la couleuvre telle quelle.

Marie-Claude se répand abondamment en choses désagréables sur moi : que je la trompais – ce qui n'est pas vrai –, que je la battais – ce qui n'est pas plus vrai –, que je ne lui donnais pas d'argent – encore moins vrai –, qu'elle était assignée aux tâches ménagères, dont la cuisine et le ménage, etc. C'est elle qui a tenu à faire la cuisine, pour ses deux enfants hébergés chez nous. Une cuisine de son pays. J'approvisionnais en produits pris dans mon commerce, pour lui éviter d'avoir à faire les courses. Quand elle avait besoin de compléments, elle avait tout ce qu'il fallait pour aller les acheter.

Marie-Claude produit devant le tribunal plus d'une trentaine de témoignages, tous obtenus auprès de femmes de sa connaissance, et dont on devine la teneur. Elles racontent par exemple qu'elles m'ont vu battre ma femme. Comment la justice peut entendre ça, quand il n'y a pas un fond de vérité ? La convergence de plusieurs témoignages faux et rapportant les mêmes faits constituerait-elle une preuve à charge ?

Au tribunal d'Aix-en-Provence, la présidente ne veut rien entendre quand j'essaie de dire combien ces allégations sont fausses. Le document que j'ai reçu plus tard, la décision de justice, comporte de nombreuses pages dans lesquelles je suis présenté comme responsable des malheurs de mon ex. Nulle part n'est fait mention de ce qu'elle m'a fait subir : menaces permanentes, ultimatums en tous genres, récriminations incessantes, enfin, de quoi rendre fou quand c'est au quotidien qu'on entend gémir ainsi.

Les propos que cette présidente a pu tenir à ce moment-là me travaillent encore. Je n'en dors toujours pas la nuit, je suis en permanence angoissé. Je me pose sans arrêt la question de savoir quand tout ceci va finir. Je ne supporte plus cette situation.

Jamais je ne me suis douté que cette malheureuse affaire prendrait une telle tournure. Si j'en avais eu ne serait-ce qu'un mince soupçon, je me serais préparé bien autrement pour les audiences. J'aurais fait appel à mes amis, lesquels sont disposés, et aujourd'hui encore, à témoigner de ce que fut ma vie : celle d'un homme, avec ses forces et ses faiblesses, rien de plus. Mais qui n'a jamais mérité ce sort !

Je dénonce cette situation, dans laquelle je suis le connard, comme m'appelle Marie-Claude. Cornard, oui, ça, je le sais. Je l'ai appris *a posteriori*. Mais pas le reste !

Ce n'est que le 22 février 2007 que sera prononcé le divorce d'avec Marie-Claude.

Depuis, je suis détruit. J'en ai perdu le sommeil.

L'une des premières choses que Marie-Claude s'empresse de faire tout de suite après notre divorce, c'est de rapatrier en France le capital placé à l'Île Maurice pour le confier à la Banque Populaire. Il y en a encore pour soixante-douze mille francs, ce qui signifie qu'elle a déjà opéré quelques ponctions. La rente servie à mes beaux-parents était en effet produite par les intérêts générés par le capital placé. J'avais eu l'imprudence de la déclarer cotitulaire de ce compte. Elle ira même plus loin, en m'en retirant l'accès, pour se l'approprier en toute tranquillité.

Marie-Claude me réclame non seulement une pension et un pécule, mais aussi une sorte de demi-location, puisque j'occupe la maison achetée sous ce fameux régime de mariage de la communauté réduite aux acquêts. Faudra-t-il que je vende ma maison pour payer ce qu'on me réclame ?

Baroud d'honneur

Comment survivre ? en luttant. Je rassemble mes abattis et je vais essayer de faire front.

Avant toute chose, je dénonce le comportement du notaire qui a officialisé l'achat de ma maison à Trans-en-Provence. Elle aurait dû me prévenir des conséquences potentielles de l'absence de contrat de mariage.

Je l'ai toujours sentie mauvaise à mon égard. Ces informations, dont je déplore l'absence, elle n'a pas manqué de les transmettre à Marie-Claude, comment dire ? unilatéralement.

Apprendre que Marie-Claude prend comme avocat le fils d'un autre notaire du même office notarial ne constituera qu'une demi-surprise. Que ce monsieur en écrit, des médisances sur mon compte ! et je ne sais pas tout, ça aussi je le comprends bien. Je trouve ça ignoble.

Je cherche de l'aide, de l'air, un appui. Auprès d'une dizaine d'avocats du barreau de Draguignan. Successivement. Tous me décevront.

Il faut d'abord payer avant qu'ils n'étudient le dossier. Ce n'est qu'après qu'ils formulent leur réponse. Toujours la même, et jamais assortie de la moindre piste d'action à mener pour me sortir de ce guêpier : il aurait fallu faire le contrat de mariage avant de dire *oui*.

Dix ans de procédures et quarante-neuf mille euros.

Vous avez acheté la corde pour vous pendre, me disent-ils. Bien sûr que j'ai compris : j'aurais dû faire un contrat de mariage…

J'ai écrit à Rachida Dati, à Xavier Bertrand, à Nicolas Sarkozy, à la Cour européenne des droits de l'homme : jamais je n'ai eu de réponse, ni de l'un, ni de l'autre. Jamais.

Dans ces lettres, j'ai suggéré qu'un livret soit remis à chaque personne s'adressant au service d'état-civil dans l'idée de se marier. Ce simple livret évoquerait toutes les informations qui m'ont fait défaut, afin qu'aucun ne découvre *a posteriori* ces finesses, comme je l'ai malheureusement fait. Je sais que l'heure est à la dématérialisation des procédures administratives. Je suis persuadé que c'est un danger pour l'avenir.

Marie-Claude continue à me pressurer. Depuis, elle brandit la décision de justice dont je m'estime victime. Je ne peux admettre cette situation. Je l'ai sorti de la misère, de l'expulsion du territoire dont elle était menacée. J'ai élevé ses enfants. J'ai aidé ses parents et son frère, financièrement. Elle m'a volé, mon argent et ma santé. Et continue de le faire. Avec un sentiment de supériorité teinté d'impunité.

S'il est très rare que je la rencontre, ce fut le cas en octobre dernier, à un banquet de la commune. Elle était accompagnée de deux amies. Lorsque son regard a croisé le mien, elle a eu un haussement d'épaule, marquant ainsi son dédain à mon égard. Ce geste n'a fait que raviver ma blessure. Quelques instants plus tard, je suis passé fortuitement à côté d'elle. Pour lui signifier que, malgré notre différend, nous pourrions rester urbains, je lui ai lancé un *bonjour* appuyé, qu'elle m'a rendu, un peu surprise. Les trois amies se sont ensuite mises à rire de concert. Je n'ai pas insisté.

#balance ta vache

#balance ta vache

En conclusion

Comment ne pas comprendre, trop tard certes, que, dès le départ, dès l'annonce qu'elle a passée dans *L'Illustré*, Marie-Claude ne faisait que chercher un parti aisé pour se faire une vie confortable. N'est-ce pas ce qu'on appelle un mariage gris ? où l'un des mariés cherche à tirer profit de cette union, comme d'acquérir une nationalité ou d'accéder à une forme de richesse, au détriment de l'autre ?

Je viens tout juste de découvrir cette notion de mariage gris. C'est bien là le comportement de mon ex, comme je viens de le raconter. Ce que je n'ai pas encore dit, c'est qu'elle continue à m'extorquer de l'argent. Elle me réclame aujourd'hui une somme dont je ne dispose pas, en compensation des *demi-loyers* que je lui devrais, puisque j'occupe la maison achetée ensemble, et pas elle. *Tout est bon dans le cochon*, n'est-ce pas l'adage populaire ?

Je me morfonds, ne dors plus. Je dépéris. Je pense au suicide. Comment survivre ?

Depuis quelque temps, j'ai décidé de me faire entendre de cette justice qui m'a ignoré. Ce livre y contribue d'une certaine manière. Mon notaire actuel m'y encourage souvent. *Sait-on jamais ?*, me répète-t-il.

C'est pourquoi j'ai voulu écrire mon histoire, pour la faire parvenir au ministère de la justice, aux différentes radios et chaînes de télévision, à tous les médias spécialisés dans l'information. Comme à des personnalités de mes amis, dont je reçois toujours le soutien – c'est bien le signe qu'il s'agit là d'amitiés sincères. Je veux que les gens sachent que la justice m'a condamné pour une chose que je n'ai pas faite, pour un tort que je n'ai pas causé, ce qui a eu pour triste conséquence ma ruine, surtout morale.

Cette blessure est d'autant plus difficile à supporter quand les maîtres-mots de notre époque sont *#balance ton porc* et autres *#metoo* ! La parole des unes, portée aussi brutalement, sans mesure, brise la vie des autres. C'est de cette manière que la mienne l'a été, et le demeure. Je trouve ça injuste. La présomption de culpabilité se substitue à celle d'innocence. Les personnes mises en cause n'ont même plus la possibilité de se défendre, elles sont condamnées avant d'avoir pu parler.

Bien sûr, je ne cherche ni à minimiser, encore moins à couvrir, ceux qui ont réellement causé du tort à autrui. Je pense juste à ceux qui, comme moi, n'ont rien à se reprocher et à qui on refuse la possibilité de se défendre, avant de leur asséner une décision sans commune mesure avec ce qu'on pourrait éventuellement leur reprocher, comme d'avoir consacrer plus de temps à leur métier qu'à leur femme ou d'avoir financé le désœuvrement de cette dernière. À leur détriment, en définitive, ce qui est déjà une terrible punition.

Dans cette affaire, je me suis senti l'homme à abattre, le méchant à faire tomber. Je n'ai jamais compris pourquoi on pouvait m'en vouloir à ce point. J'en veux autant à cette juge qu'à mon ex-femme.

Je sais bien que je ne suis pas le seul dans ce cas. Quelle tristesse ! Est-ce une vengeance d'une partie de la gent féminine à l'encontre des hommes tels que moi ? Peut-être à l'encontre de tous les mâles, plus généralement…

#balance ta vache

Remerciements

En tout premier lieu, je tiens à exprimer ici mes remerciements les plus vifs et les plus sincères à Anne-Marie, ma compagne, pour le soutien si réconfortant et inconditionnel dont elle sait faire preuve à mon égard.

Merci à ma famille : à mes parents pour tout ce qu'ils m'ont apporté d'amour, à mes enfants ensuite.

Merci à mes amis, et en particulier à Jacky, lequel a bien voulu apporter sa contribution sous forme de la préface du présent ouvrage. S'il en est un qui me connaît, c'est bien lui.

Enfin, merci à Pascal Delugeau, Écrivain-Conseil® à Draguignan, pour la pertinence de sa plume, et sans lequel je n'aurais pu donner corps à mon projet d'écriture.

TABLE DES MATIÈRES :